452

ELECTION DV SERENISSIME DVC D'ANIOV, ROY DE POVLONGNE.

A TRES-HAVT ET TRES-PVIS-sant Seigneur, Monseigneur le Marquis de Villars, Conte de Tantes & Amiral de France.

Par P. de Vollant Tourangeois.

A PARIS,

Par Gilles Blaise Libraire, demourant au Clos Bruueau, à l'enseigne S. Catherine.

1573.

AVEC PRIVILEGE.

ELECTION DV
SERENISSIME DVC D'ANIOV, ROY DE POLONGNE.

A TRÈS-HAVT ET TRÈS-PVISSANT

[illegible]
[illegible]

Par D. de Vallier Tourangeois.

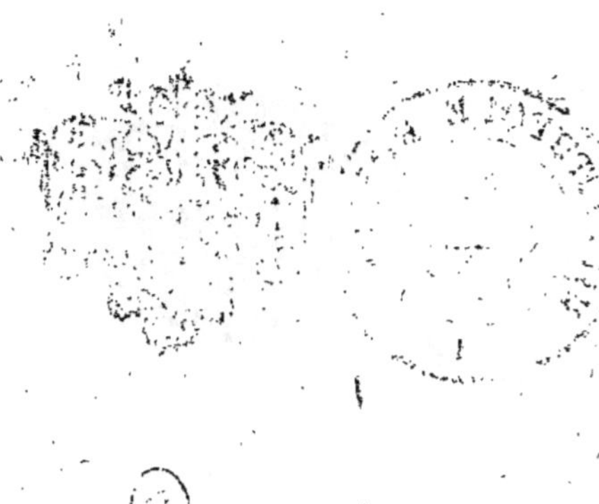

A PARIS,

Par Iaques Kerver Libraire Iuré de l'Vniuersité, au Clos
Bruneau, à l'enseigne S. Catherine.

1573

AVEC PRIVILEGE.

AV LECTEVR.

CEVX qu'vn pied malheureux a mis sur
    Helicon
Desquels l'ame croupit lourdemét alentie
Sans tant faire suer leur Muse appesantie
Pourront faire sans peur credit de leur renom.

Le miserable soin ne voir perdre mon nom
Sur vn marbre mangé, faire que mon Genie
S'enuole compagnon de ceux dont l'harmonie
Eternelle s'entend és antres d'Apollon.

Ores fait que dernier ie chante la couronne
De ce grand Duc Frãçois. Toutefois que personne
Ne me blame enuieux pour venir des derniers.

Car tels partent derniers souuent de la barriere
Qui volent les premiers dedans lointe carriere,
Et qui derniers partis sont iugez les premiers,

P. DE VOLLANT.

FERTVR IN ARDVA VIRTVS.

A ij

A PAVL DE VOLANT

VOLE docte Volant ou Pegase vola
Arrosant ton pays d'vne source nouuelle,
Qui puisse ruisseler clairement eternelle
Puis que la Muse à soy dés le bers t'apella,

Celuy qui le premier aux François conseilla,
De sonner le sonnet, eut vne force telle,
Que depuis on n'a leu qu'amoureuse cautelle,
Tant le sonnet sonné noz hommes chatouilla.

Il est temps qu'Apollon pere des grecques ames,
Et des escrits Romains ailleurs darde ses flames,
Te faisant entre nous vn long œuure penser.

Laisse, si tu m'en crois, & sonnetz & sonnettes,
Et le vers, truchement des sottes amourettes,
Qui veult estre immortel, doit ieune commencer.

G. LEBRETON.

ELECTION DV SERE-
NISSIME DVC D'ANIOV
ROY DE POLOINGNE.

A TRES-HAVT ET TRES-PVIS-
sant Seigneur, Monseigneur le Marquis de
Villars, Comte de Tantes, & Amyral
de France. Par Pierre de Volland
Tourangeois.

Vand le bruit babillart, message des fureurs
Branle son aileron bigarré de fureurs,
Que le guerrier airain trõpette les alarmes,
Le soldat genereux se mesure en ses armes,
Chault de voir renuersez cés ferrez bataillons,
Sur les ondes flotter des guerriers tourbillons
Sanglantement noircy d'une poudre honorée:
Au col d'autre costé sa maison esplorée,
Tristement va pendant: & ses enfans aymez,
Tiedissent de son sang les bouillons animez.
Mais si Mars, redoublé dans le clairon, l'apelle
Au son tristement doux d'un second bouteselle
Il tressaut, il fremit, & n'escoute plus dous
Les cris de sa moitié: que l'aboyant courrous,
Du farouche Hellespont, la plaine nautonniere,
Et le present assaut veint la crainte premiere.

A iij

Non autrement encor, sommes nous resiouis
Voir sous l'Ourse florir de la France les lys,
Voir que le Poulonnois, qui pesoit l'excellence
Du Francois & Germain d'vne egale balance,
Iuge de la vertu: ait esleu prudemment,
Ce frere & fils de Roy lequel premierement
Rampa tout enfantin sur les piques guerrieres,
Puis apres esleué entre mille banieres
Parmy les estendars, & les armes nourry
Accolloit le premier ce grand guerrier Henry
  Ou soit qu'il ramenast ses veinqueresses armees
Du Breton Occean, ou que plus animees
Les tournast vers le Rhin: alors que l'Empereur
Fuyoit les estendars de ce grand conquereur:
Mais aussi d'autre part va regrettant la France
De perdre tout à coup ceste fameuse lance,
Laquelle combattant pour l'honneur de noz lois,
Ha cent fois renuersé l'ennemy des Valois.
Mais ce braue appareil, ceste commune ioye
Veint tout autre douleur: sur yo que l'on oye
Vn chant perçant le ciel. Paris cest cestuy cy
Pour lequel combatant tu estois en soucy,
Pour lequel de retour tu fais or telle feste,
Mais Muse, cependant que la pompe s'apreste
Et qu'au son eclatant des siffres, & clairons
Vont par ordre marchant tant d'illustres barons:
Narre moy les motifs, & les premieres causes
De ceste election en France toutes choses
Estoient en bonne paix, alors que Iuppiter
Voulant par maints perils la France exerciter

Raluma dans le cueur de ce peuple rebelle
Le cruel souuenir de l'antique querelle
Il trouua les aucuns leurs gueretz labourans
Les autres, sans soupçon és villes demourans
Les murs estoiens faillis & les tours renuersees
Sous la suite des ans, les enseignes cassees:
Et toutesfois estant tout ainsi appaisé
Ce peuple s'orgueillit d'vn labeur tant aisé,
Et puis s'estre à son gré veautré dans le carnage
De l'ombre de ses murs commencea faire targe.
Ia long temps du sommet de ce haut monde ardant
Ces premieres fureurs Iuppiter regardant,
Fit appeller à soy le grand Dieu des batailles:
Lors d'auanture ayant rauagé les murailles
Du Tane carquoise, il tournoit vers les cieux
Loin ma fuiant son char l'escadron furieux,
Et la peur & la mort compagnes de ses guerres,
Retournant vers le ciel, Il reprend nouueaux erres,
Et nouueau courtisan, il se rechaufe espris
Du brandon nourricier de la molle Cypris:
A peine arriuoit il, quand Iuppin luy commande
Que delaissant le ciel, en la France il descende.
Sus (dit-il) le discord seme ici les debats,
Bellonne d'autre part aueuglez aux combats,
Moissonne ces guerriers d'vne faux auernale,
Sur les riuages mors de ce Royaume palle:
Que les Manes armez de ces grands conquerans,
Racharnent vainement leurs Idoles errans.
Sus donc, romps ceste paix, tu peux semer la guerre
Mesmes entre mes Dieux: saccage ceste terre.

Il n'auoit acheué, que ia le Thracien
Acheminoit ses pas au froid Odrysien:
Les frimats eternels, & les premieres nues
Couurants le ciel d'azur de leurs robes chenues,
Se fendent sous ses pieds, & le roide eleron
Du vent Schytonien les chassant d'enuiron.
Luy brauement porté desur l'æle seruante
Du Nort, voit dessous soy craintiuement cheante
La tempeste, & chassant les tourbillons rouez,
Foule emperurement les foudres enrouez
Vers les rayons gelez de l'ourse Arcadiénne,
Le terroir Thracien voit la glace Istrienne,
Il regarde au leuant le pas Inachien,
Lequel bat de Bisas le seiour ancien:
Vers le Zephir, il ha plage Mysienne
Vers le tiede midy, l'amphitrite Egéénne
Gronde écumeusement, au milieu de ces flots
Ce palais Martial de mille fureurs clos,
Menace sourcilleux de la teste les nues,
Et Thetis de ses pieds les courantes chenues
Craignent de l'aborder, & Phœbus pallissant
Tourne craintiuement son flambeau blemissant
De ce triste seiour, dans l'enceint des murailles
De fer & diamant, vont marchant les batailles
Viuantes dans l'airain : on dit (miracle grand)
Le boiteux forgeron auoir souflé dedans
Le feu iamais mourant d'vne eternelle vie,
Et de s'entre-tuer vne eternelle enuie.
Le temeraire effort la saute des premiers
Le va bouleuersant le rang de ses guerriers

Vne

Vne triste vertu: les embusches occultes
Des taillis bien fueillus cachent leurs haquebutes.
Là rougist le courroux, là les palles terreurs,
Se poussent dans letour, des sanglantes fureurs:
La nuit ne les depart, ains les noires furies
De leurs tristes brandons éclairent leurs tueries:
Le discord deschiré, ores saute d'icy,
Ores de l'autre part: ores pousse ceux cy,
Ores pousse ceux là: toutes les deux armees.
De leurs propres dedaings combattent animees.
Enyon, au millieu de tout cecy se rit
Et ses siflans cheueux de mets sanglant nourrit
Au milieu de l'estour marche la mort armée
Abreuuant seulement sa faux enuenimée.
De ce sang renaissant (n'ayant autre pouuoir)
De ce temple aux autels (tel est l'ancien deuoir)
Assitent les fureurs, & dedans Phlegetonte
Puisent ce feu sacré: si ce n'est que l'on donte
Quelques forts saccagez, alors sont alumez
Les autels de ces feus: là seuls sont assommez
Ceux que le sort guerrier (victimes miserables)
A mis entre les mains de ces sœurs éfroyables.
Lesquelles tristement ayant parfait leurs veux,
Appellent aux banquet, leurs compagnons cheueux
De ces corps massacrez, ils auoient d'auanture
De ces autels alors sollennizé la cure
Voicy l'Hébre mugir, l'ægeenne Thetis
Redoubler ses abois, les ferrez pilotis
De ce triste palais trembler des la racine
Signe de son retour, la rage souterraine.

B

Signe de son retour, le Bosphore panchant
Par les champs ecarté va son flot épanchant
Prothée senfuit, & le craintif ægée
Arresta son dauphin voyant par la marée
Au retour de son roy Rodhope se baissa,
Et chargé de frimats Hæme le caressa,
Lors sous les estendars les soldats s'assemblerent.
Et du combat ia las leurs forces redoublerent
Luy arriué qu'il est endosse le harnois,
Se coiffe vn morion, puis retournant sa voix
Vers sa sœur Enyon, sa lance luy demande,
La terreur : des heros traict qu'autre ne debande
De tous les autres dieux, laquelle en vn moment
en la France il darda: elle plus roidement
Qu'vn trait Cydonien, que l'esclair, que les foudres
Que le Roide torrent, qui se ioue des poutres,
(Empoulé des Hyuers) au Poictou se ficha
Chastelleraut l'ouit, & son fleuue lascha
Son vrne, par trois fois le dieu de la charante
Sortit hors de son flot sa tresse roussoyante,
Trois fois il se plongea, estonné d'vn tel bruit
Dans ses antres voisins de l'infernalle nuit.
Les Naiades vogant sur leur pere liquide
S'entasserent de peur dans son palais humide.
Ceux là qui vont ramant sur l'occean anglois
Ceux qui vont labourant le terroir Rochelois
Sentirent esbahis encontre leur poitrine,
Leur main mesme s'armer, vne triste fonteine
Rouler incessamment de leurs yeux estonnez.
En fureur à la fin tous ces pleurs sont tournez

Ils demandent le fer,& ces nouueaux gendarmes,
A force de fourbir raieunissent leur armes.
Ores de gros taureaux ils veslent leurs boucliers,
Ils moulent les boulets,ils apprissent meurtriers.
Le courroux aceré des lames eguisées.
Ainsi quand des deux Rois les ruches diuisées
S'aprestent au combat:l'vne và bourdonnant
Et comme du tabour vne àlarme donnant.
Les autres herissant leurs pointes acerées,
S'animent à mourir pour leurs cires dorées.
Non autrement encor,les plus sages Gaulois
Depits de voir brauer cest orgueil rochelois,
Lequel par tant de temps à la valoise lanse
Superbement nioit la lige obeissance
Espris honnestement de tant iustes fureurs
S'armerent couageux contre les braues murs
De ce superbe fort cependant Euphrosyne
Messagere arriua au seiour de Cyprine
Laquelle poursuiuant son amoureux le Ris,
Auoit veu s'egayer ces squadrons aguerris.
Vers les recoings plus dous,& les plages fleuries
Du seiour Tourangeois:sur les ondes vnies
Du Loire nourrisson de tant de grands espris,
Est le seiour heureux de la douce Cypris,
Là le tiede midy,là l'haleine de l'ourse
A ce fleuue sacré iamais ne se courrouce:
Lequel,rasant sans plus ceste sacre maison,
Ne connoist en tout temps que la prime saison.
Là,ou soit qu Phœbus aille sechant son onde
Ou qu'enflé des hyuers son canal se debonde,

Tosiours semblable à soy il se va retirant,
Et tousiours amoureux ses flammes soupirant.
Là, des oiseaux-archers les cohortes oiseuses
Decochent doucement leurs fleche soucieuses
Sur les vuides esprits: là les douces palleurs,
Des amoureux soucis les premieres couleurs
Vont resuant par les prez. les attentes craintiues
Es premiers faits d'amour: les larmes aprentiues,
Ont ce lieu pour seiour: la douce volupté,
Suit la ieunesse apres, au port mal arresté
Nues iusqu'aux genoux, ces Deesses compagnes
Errent mignardement par l'émail des campagnes.
Dans leurs yeux embusqué, amour se va iouant,
Vne vierge rougeur doucement va nouant
En leur gorge de lait, & sur leur col d'albatre,
Auec le zephir, s'egaye un or follastre.
Les Nymphes vont apres, & les Graces suiuant
L'vne dit ses amours, l'autre se va riant
De son amy lequel prochain fait ses complaintes:
Les autres vont cueillant les roses de sang peintes,
De sang Idalien: cependant que les fleurs,
De l'estoille du iour boiuent les tendres pleurs:
Au milieu de ces ieux la tendre Cytherée
Demarche posement desur l'herbe aZurée.
Ceres se resiouit, & sous ses pieds produit
Vne herbeuse verdeur: le zephire la suit
Lequel follastrement d'vne ale audacieuse
Euente ses cheueux: lors elle curieuse
Les recourbe en croissant, or elle va baisant
Adon, & auec luy son ardeur atoisant

Mais alors que Phœbus sur le milieu du monde.
Eclaire plus ardant: toute la troupe sonde,
Les cristal englacé du Loire gracieux,
Venus est au milieu, ses blondoiants cheueux
Amoureux de son œil, voltigent sur sa face:
Les Nymphes, & le ieu, & l'amour & la grace
Nagent à ses costez, & là ce ieune enfant
Les abysmee des eaux va veinqueur echaufant.
Ces troupeaux ecaillez, & la verde ieunesse
De ces liquides dieux de nouuelle alegresse
Esprise va guettant les Nymphes & Venus:
Ores l'vn va louant ces deux globes tous nus,
Ou d'vn poux eternel vne haleine soupire,
Qui ressemble à ses flotz, que le plus doux Zephire,
Du visage areneux crespement va chassant,
Et d'vn mesme soupir contre leurs bordz poussant,
Ores l'autre estonné du doux rayon que iette,
Ce bel œil Cyprien, de nouuelle sagette
Se sent le cœur percé, & l'autre les beaux traictz
Du visage rosin ha dans l'ame portraictz,
Lors, elle connoissant leur amoureuse rage
D'vn garrot tout diuers enflambe leur courage,
Echangeant leur ardeurs: lors chacun va iouant,
Et auecques sa Nymphe vn chacun s'egayant,
Puis s'estre rafreschis dans ces ondes glacées.
Ces squadrons vont errant par les plaines lissees.
En ce seiour heureux Euphrosnie arriuant
Narra tout à Venus. son bouquet odorant,
Luy cheut, & de son teint la rose naturelle
Blemement s'enfuit: lors reuenant à elle.

A son char accouplant ses limonniers aislez
De lolympe arriua aux cercles estoilez,
Et alors Iuppiter regardoit solitaire,
Lacier victorieux du Turquois Cymeterre,
Auquel Venus ainsi son propos adressa.
Tu scais pere comment tu m'as promis pieça,
L'estoc victorieux des braues Gomerites,
Deuoir de l'Occean terminer les limites.
De son sceptre puissant: & ores toutesfois)
Ne vois tu tout en feu le Royaume François.
Iamais ie n'ay, (voulant auancer ma lignée)
Tasché & tu le scais forcer la destinée.
I'ay tousiours honoré ton seul commandement
Mais quoy? ie voy tourner en vn petit moment
Tous mes desseins a rien: ie voy mon esperance
De voir donner les loix à la Valoise lance
Sur tout cest vniuers, en vn instant perir
Et la France ie voy par la France mourir.
Qui douce parauant, s'aueuglant aux batailles
Cruelle maintenant dechire ses entrailles.
O Francois anciens, ô voz esprits heureux
Lesquelz pour agrandir la France, valeureux
Courutes à la mort aux regions lointaines
Puissiez vous habiter ces bien-heureuses plaines:
Et iamais le sorcier vous reuestant voz oz
Ne vous puisse tirer du seiour des heros.
Fusse-ie mort encor, la race Iulæene
Ie n'eusse veu perir, la puissance Romaine
Fust tombée sans moy, mais ô pere des Dieux
Vueille au moins à la fin ton œil plus gracieux

Sur ma race ietter ores ie ne te presse:
Le monde luy donner, & garder ta promesse
Mais bien de conseruer le Royaume Gaulois
Et Charles, le plus grand de ces Princes Valois.
Et si a mon Henry les douces destinées
Promettent d'acheuer en honneur ses années
Vueilles luy octroyer le Sceptre ia promis
Et L'alcide François dans leque tu as mis
Tant de rares vertus puisse egal à ses freres
Vn iour le monde emplir de ses armes guerrieres.
Elle suiuoit encor, & alloit embrassant
Les genoulx paternels, quand Iuppin la haussant
Doucement la baisa, puis lry dict ma promesse
Ie n'auois oublié, ta race veinqueresse
Le monde regira, mais fortune iamais
Ne s'arreste en vn lieu, la guerre suit la paix
Et ne faut s'ebahir si des hommes la race
Sent souuent desur soy du malheur la disgrace.
Ceux qui vont pourmenant sur la mer leur maison
Bien qu'ilz ayent demaré en paisible saison,
Et que Phœbus suiuy d'vne nue dorée
Leur promette en auant bonace la marée:
Les ondes toutesfois, & la rage du vent
Contre quelque rocher les froisse bien souuent.
Mais maintenant du ciel la malice est passee,
Et au creux auernal la discorde chassee.
Ton Henry que tu vois maintenant bataileant
Et de cette cité la muraille assaillant
Vers le pole gelé ou Lourse Arcadienne
Craignant de s'abreuuer de l'onde tethyenne:,

Ses languissans rayons paist du froid des hyuers,
Et des nuaus negeux de ces hyperborez
Tu verras foudroyant sur cette barbarie
Gemissante d'icy trainer la Tartarie,
Captif d'autre costé le grand Mosche mené
Cachera de rouseaux son visage écorné
Ia Vistule orgueilleux voit desur son arene
Le trophée sacré de la gent sarrasine,
Yo fleuues, yo, ha que vous rougirez
Fleuues cruellement : combien vous endurez
Et hommes & cheuaux quand les ondes heureuses
Des fleuues Asians rouleront furieuses
Les lances, les escutz, les corselets froissez :
Quand hommes, & cheuaux, pesle mesle entassez
Bosseront pour iamais les plaines Aurorees,
Alors tes regions se uerront honorees,
De maints braues guerriers : ton Charles de Valois
Bien loing fera planter les fleurons des Gaulois.
Les fleuues, & les monts des regions lointaines
Ia tremblent sous l'effort de tant de capitaines.
I'y voy vn de Neuers, & cil dont les Lauriers
Verdiront pour iamais de sur les murs guerriers,
Du seiour poiteuin : vois tu point ce Neptune,
Duquel mesme Thetis ploye sous la fortune,
Ce Marquis de Villars, vois tu ce sage port,
Ces gestes si guerriers : cestuy d'vn braue effort.
Fera voir combien peult vne sage vieillesse
La prudence ioignant, à la force & l'adresse,
Cependant va trouuer le seiour paresseux,
du sommeil tout dontant, afin que gracieux,

Il endorme le soin de ce foudre de guerre:
I'auray soucy du tout. Il n'auoit qu'en terre.
Ia Venus arriuoit, & au lasche seiour
Du ciel Cymmerien où les rayons du iour
Ne penetrant iamais le somme à l'arriuée
De Venus, a peine ha la teste souleuée
Du cheuet paresseux, & du menton frapant
Sa poitrine, a demy s'endort en escoutant,
Aussi tost que Venus luy eut donné entendre
Le vouloir de Iuppin desia se sentant prendre
De ce Dieu langoureux, hors de l'antre sortit
Et de nouuel habit tout son corps reuestit
Peinte sur les replis de sa robe estoilée,
Desia la nuict voloit sur la terre voilée,
Quand ce Dieu sommeillard changé en papillon
Acortement, entra dedans le pauillon
De ce grand Duc François, qui songeoit d'auanture
Ou la muraille estoit ou plus haulte, ou plus dure,
Ou il estoit meilleur l'escalade donner,
Ou il estoit meilleur assaillir, ou miner.
Lors ce Dieu voletant autour de la chandelle
Trois fois frappa ses yeux de l'vne, & de l'autre ale
Trois fois les yeux fermez sur son chef demourant
Coyement murmura vn vers alangourant.
Lors ce Duc endormy és sommeilleuses portes,
Morphée qui se peut changer en mille sortes,
Par le vueil de Iuppin prent le port de Henry,
Sa grace son habit son visage aguerry.
Et ainsi qu'vn brouillas passant par la serrure
S'arresta sur son chef, puis luy dict à cest heure,

Ie suis venu, mon fils, par le vueil de Iupin
Qui par moy te faict or entendre ton destin.
Il veut qu'orres laissant ces peu fortes murailles,
Tu concoiues, hautain, bien plus grandes batailles,
Et que sans peur lance és sanglantes fureurs,
Dans le barbare sang les guerrieres sueurs
Tu laues, & qu'encor tes armes conquerantes,
Vangent tant de milliers, & tant d'ombres errantes,
Sans pleurs, & sans tombeau & fault par le harnois
Faire craindre par tout le Sceptre Polonois.
Ou bien soit, ou lassé l'Amphitrete Espaignolle,
Entre ses bras, couchant le tresseblond accole
Ou bien soit, ou leuant ses rayons adorez
Ses flammes vont iouant par les flots aurorez.
Ou de l'ardant midy vers les heures brulées,
Ou de l'astre hyuernal vers les flammes gelées
Il dict, & disparut car desia pallissoient,
Les astres, & desia hors de Thetis issoient
Les cheuaux du Soleil. lors ce Duc se reueille
De son songe estonné mesme il croit qu'il sommeille
Encor en y pensant, puis les Dieux adorant
Iamais ne me trouuerez, dict-il, degenerant
Ou soit que mon destin me detienne en la France
Ou que le Poulonnois me donne iouissance,
Du Sceptre du pais, vous sainctes deitez
Vous Genies heureux, qui les natiuitez
Des humains regardez: vous Dieux de ma naissance,
Qui m'auez éleué en ma plus ieune enfance.
Fauorisez au moins, fauorisez amys
A ce que m'ont les Dieux & les hommes promis.

Vous songes æles bruis, vous cohortes ælees
Vous les douteux enfans des tenebres voilees
Que tousiours puißiez vous sur l'ethé vous iouant
En abondance auoir le pauot oubliant.
Et que iamais des feux, & des astres le pere
Ne puiße penetrer en vostre obscur repaire,
Sur tous songe sois tu des ombres fauory
Qui m'as peu faire voir mon cher pere Henry,
Que si entre mes mains fortune fauorable
Met onc du Poulonnois le Sceptre venerable
Songe tousiours de moy tu seras honorée,
Et dans mon cabinet cherement reuerée
Il dict & retournant ses pas vers la Rochelle
Entendit dans le camp, estre sortis d'icelle,
Les deputez, lesquelz pour tous leurs Cytoyens
Humblement requeroient de la paix les moyens:
Lors bien que iustement son ire & son courage
Voulußent qu'il vengeast ceste rebelle rage
Leur accorda la paix. la clemence arracha,
Le glaiue de son poing & au fourreau cacha,
Lacier victorieux maudite soit l'eßèe
Qui au sang cytoien ayme d'estre trempée.
Et laquelle pouuant les debats acoiser
Dans le cœur du pays veut son courroux poser,
Incontinent apres la paix de la Rochelle
De son election il entendu nouuelle,
Comme le Poulonnois, l'aiant bien merité
Luy donnoit du pays la saincte Royauté.

F I N.

En la page.5.ligne 7.pour Pierre liſez Paul.
Page meſme,ligne 5.pour fureurs liſez terreurs.
Page 6.ligne 11.pour veinquereſſes liſez veinqu'reſſes.
Page 7.ligne 15.pour carquoiſe liſez carquoiſe.
Page 8.ligne 10.pour emperutement liſez emperiotement
Page meſme ligne 15.pour il ha plage liſez il ha la plage
Page 9.ligne 6.pour tuerie liſez turies
Page meſme, ligne 12.pour ſemglant liſez ſanglants.
Page meſme,ligne 17.pour aſſitent liſez aſſiſtent.
Page 10. ligne 1.pour ſigne de ſon retour, liſez Darder en haut les
    tours.
Page meſme,ligne 4.pour rouſſoyante liſez rouſoyante.
Page 11.ligne 18.pour Auec liſez Auecques.
Page 12.ligne 15.pour viſage, liſez riuage.
Page 15.ligne 10.pour endurez liſez endurrez.
Page 16.ligne 15.pour penetrant liſez penetrent.
Page 10.ligne 1.Pour bruis liſez bruns.